PIANO · VOCAL · GUITAR

THE BEATLES
THE CAPITOL ALBUMS
VOLUME 1

SO-AAD-635

ISBN-13: 978-1-4234-2032-3
ISBN-10: 1-4234-2032-2

HAL•LEONARD® CORPORATION
7777 W. BLUEMOUND RD. P.O. BOX 13819 MILWAUKEE, WI 53213

Visit Hal Leonard Online at
www.halleonard.com

I WANT TO HOLD YOUR HAND

Words and Music by JOHN LENNON
and PAUL McCARTNEY

I SAW HER STANDING THERE

Words and Music by JOHN LENNON
and PAUL McCARTNEY

Well, she was just _____ sev - en - teen, _____ and you
_____ looked at me _____ and I, _____

know what I mean, _____ and the way she looked _____ was way _____
_____ I could see _____ that be - fore too long _____ I'd _____

be - yond com - pare. _____ So,
_____ fall in love with her. _____

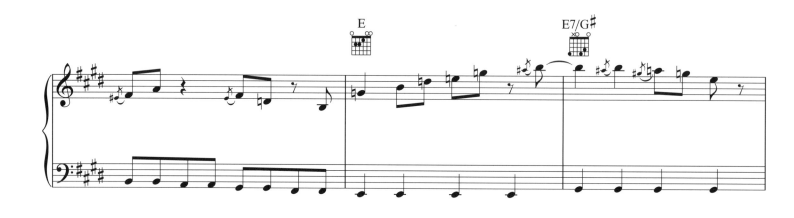

THIS BOY
(Ringo's Theme)

Words and Music by JOHN LENNON
and PAUL McCARTNEY

That boy _____ took my love _____ a-
That boy _____

way, oh, he'll re-gret it ___ some-
you, tho' he may want you

day, _____ but this boy ___ wants you ___ back a-
too, this boy ___ wants you ___ back a-

IT WON'T BE LONG

Words and Music by JOHN LENNON
and PAUL McCARTNEY

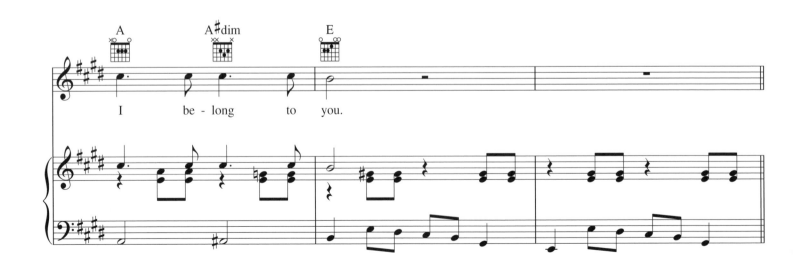

To Coda ⊕

I'll be good like I know I should, __ you're com - ing

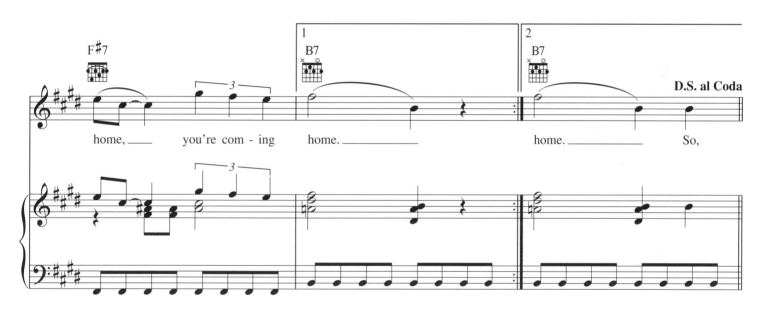

home, __ you're com - ing home. __ home. __ So,

D.S. al Coda

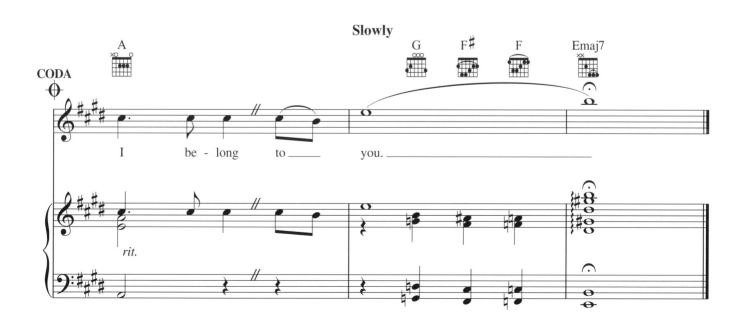

CODA

Slowly

I be - long to __ you. __

rit.

ALL I'VE GOT TO DO

Words and Music by JOHN LENNON
and PAUL McCARTNEY

DON'T BOTHER ME

Words and Music by
GEORGE HARRISON

ALL MY LOVING

Words and Music by JOHN LENNON
and PAUL McCARTNEY

LITTLE CHILD

Words and Music by JOHN LENNON
and PAUL McCARTNEY

TILL THERE WAS YOU

from THE MUSIC MAN

Words and Music by
MEREDITH WILLSON

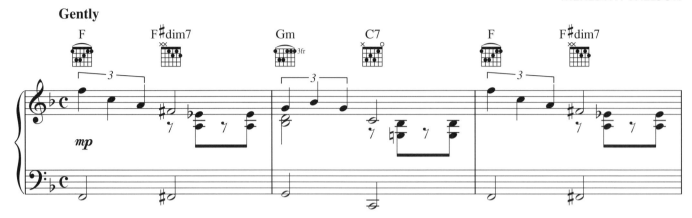

There were bells _____ on a hill, _____ but I
birds _____ in the sky, _____ but I

nev - er ___ heard them ring - ing, ___ No, I nev - er heard them at
nev - er ___ saw them wing - ing, ___ No, I nev - er saw them at

HOLD ME TIGHT

Words and Music by JOHN LENNON
and PAUL McCARTNEY

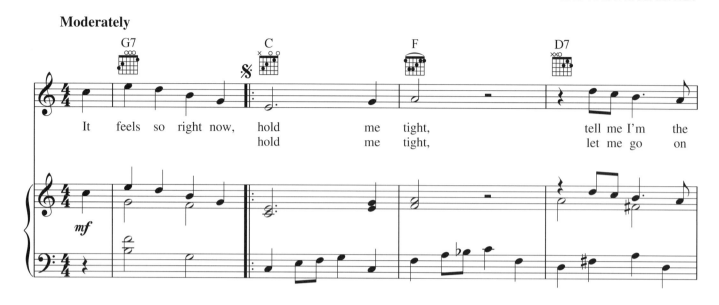

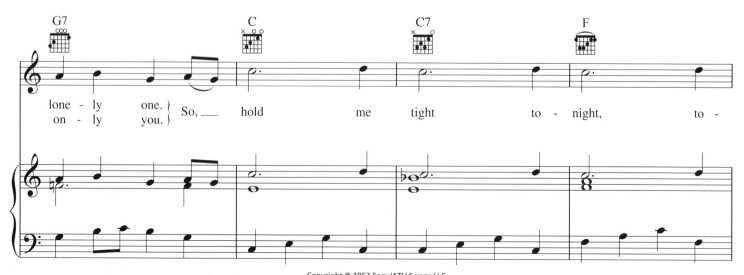

I WANNA BE YOUR MAN

Words and Music by JOHN LENNON
and PAUL McCARTNEY

Bright Rock beat

I wan-na be your lov-er, ba - by.
Tell me that you love me, ba - by,

I wan-na be your man, ___ I wan-na be your lov-er, ba - by,
let me un-der-stand, ___ tell me that you love me, ba - by,

I wan-na be your man, ___ Love you like no oth-er, ba - by,
I wan-na be your man. ___ I wan-na be your lov-er, ba - by,

I wan - na be your man, ___

NOT A SECOND TIME

Words and Music by JOHN LENNON
and PAUL McCARTNEY

THANK YOU GIRL

Words and Music by JOHN LENNON
and PAUL McCARTNEY

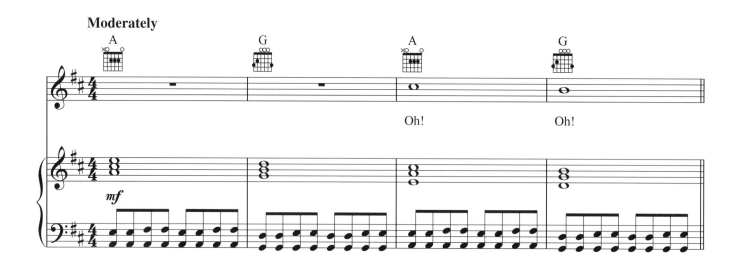

Oh!   Oh!

You _____ be good to me, _____ you make me glad _____ when I was
I _____ could tell the world _____ a thing or two _____ a - bout our

blue, _____   And _____ e - ter - nal - ly _____ I'll al - ways
love, _____   I _____ know, lit - tle girl, _____ on - ly a

DEVIL IN HER HEART

Words and Music by
RICHARD B. DRAPKIN

She's got the dev-il in her heart, _____ but her eyes, they tan-ta-

lize. _____ She's gon-na tear your heart a - part, _____

oh, her lips, they real-ly thrill _____ me.

YOU'VE REALLY GOT A HOLD ON ME

Words and Music by
WILLIAM "SMOKEY" ROBINSON

I don't ___ like you, ___ but I ___ love you;
I don't ___ want you, ___ but I ___ need you;
I wan - na leave you, ___ don't wan - na stay here;

Seems that I'm al - ways ___ think - ing of you. ___
Don't wan - na kiss you, ___ but I ___ need you to. ___
Don't wan - na spend ___ an - oth - er day here. ___

MONEY
(That's What I Want)

Words and Music by BERRY GORDY
and JANIE BRADFORD

Moderate Rock

1. The best ___ things in life are free, ___
2. Your lov - in' give me a thrill, ___
3.,4. Mon - ey don't get ev - 'ry - thing it's true, ___

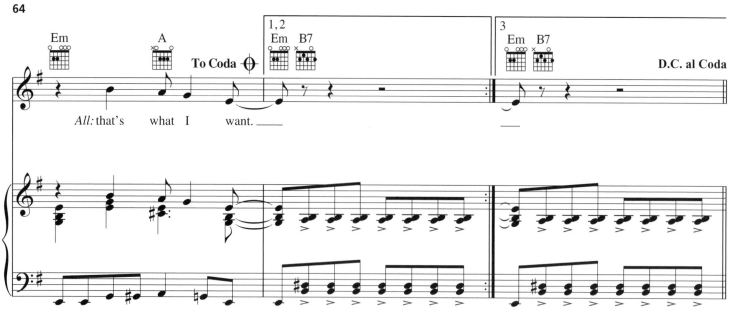

YOU CAN'T DO THAT

Words and Music by JOHN LENNON
and PAUL McCARTNEY

Ev - 'ry - bod - y's   green, __

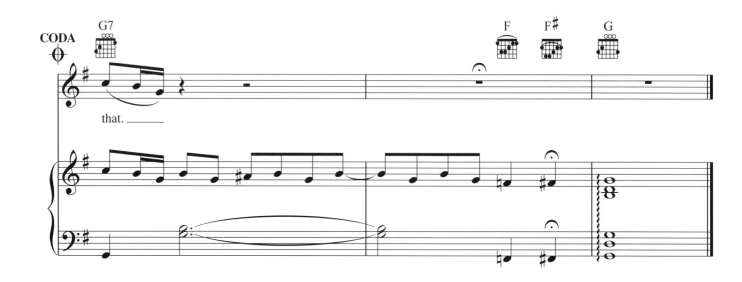

that. _____

LONG TALL SALLY

Words and Music by ENOTRIS JOHNSON,
RICHARD PENNIMAN and ROBERT BLACKWELL

Bright Rock

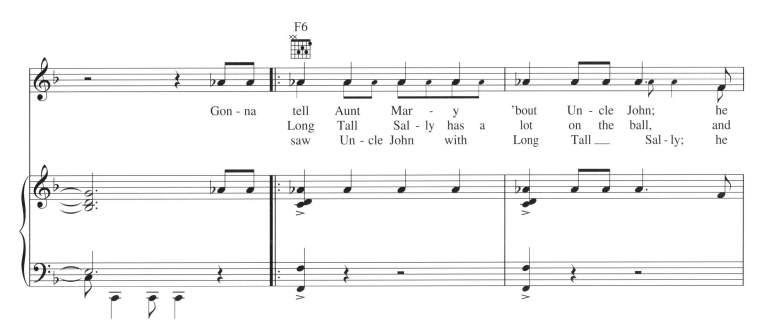

Gon - na tell Aunt Mar - y 'bout Un - cle John; he
Long Tall Sal - ly has a lot on the ball, and
saw Un - cle John with Long Tall ___ Sal - ly; he

says he has the blues, but he has a lot of fun. Oh,
no - bod - y cares if she's long ___ and ___ tall. Oh,
saw Aunt Mar - y com - in' and he ducked back in the al - ley. Oh,

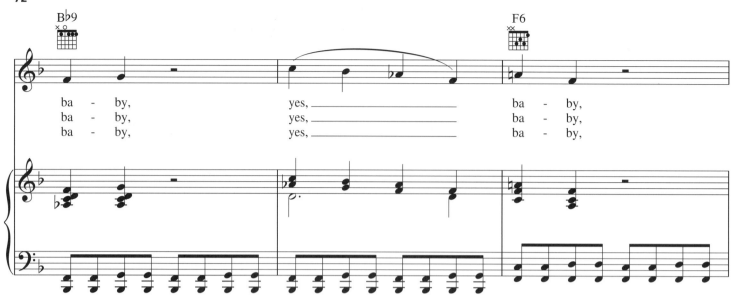

I CALL YOUR NAME

Words and Music by JOHN LENNON
and PAUL McCARTNEY

PLEASE MR. POSTMAN

Words and Music by ROBERT BATEMAN,
GEORGIA DOBBINS, WILLIAM GARRETT,
FREDDIE GORMAN and BRIAN HOLLAND

Moderately fast

(Stop!) Whoa yes, wait a min-ute, Mis-ter Post-man. (Wait!) Wait,

___ Mis-ter Post ___ man. Please, Mis-ter Post-man, look and see ___ if there's a let-ter in your bag for me. ___

Why's it tak-ing

I'LL GET YOU

Words and Music by JOHN LENNON
and PAUL McCARTNEY

SHE LOVES YOU

Words and Music by JOHN LENNON
and PAUL McCARTNEY

Moderately

She loves you, yeah, yeah, yeah. __ She loves you, yeah,

yeah, yeah. __ She loves you, yeah, yeah, yeah,

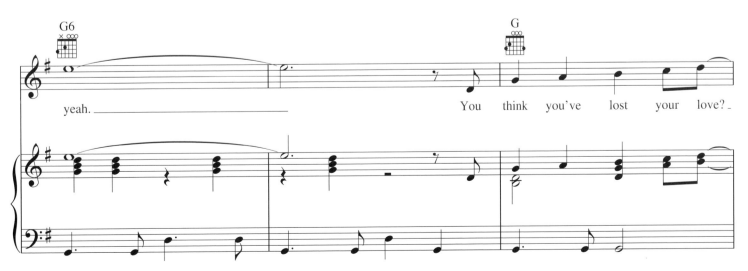

yeah. _____ You think you've lost your love? __

I'LL CRY INSTEAD

Words and Music by JOHN LENNON
and PAUL McCARTNEY

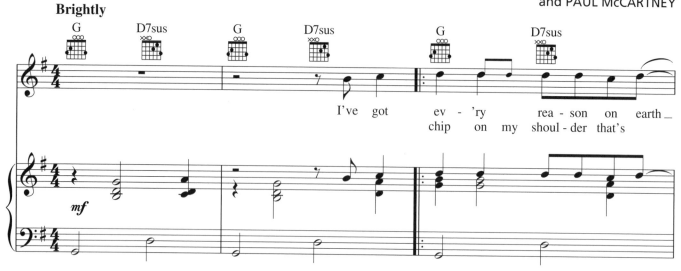

I've got ev-'ry rea-son on earth ___
chip on my shoul-der that's

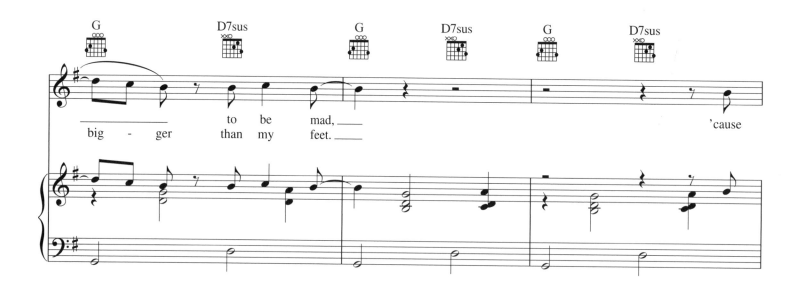

big-ger than my feet. ___
to be mad, ___
'cause

I've just lost the on - ly girl I had. ___
I can't talk to peo - ple that I meet. ___

THINGS WE SAID TODAY

Words and Music by JOHN LENNON
and PAUL McCARTNEY

ANYTIME AT ALL

Words and Music by JOHN LENNON
and PAUL McCARTNEY

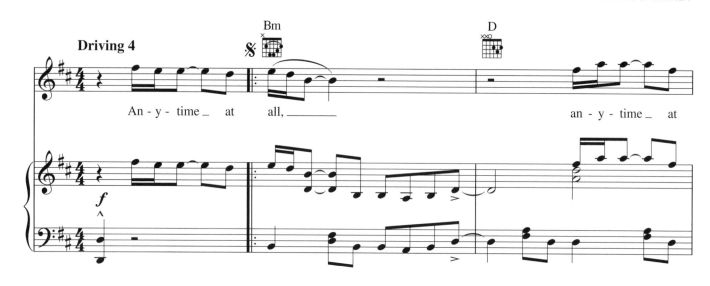

WHEN I GET HOME

Words and Music by JOHN LENNON
and PAUL McCARTNEY

Moderately

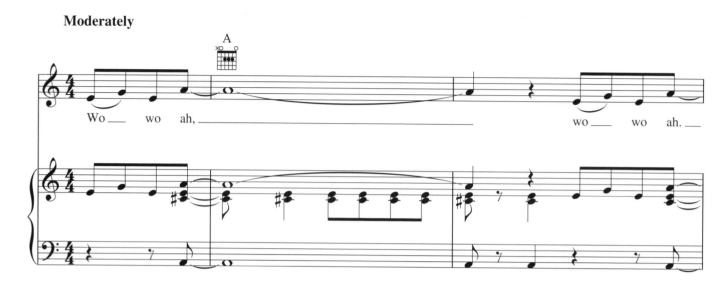

Wo __ wo ah, _____ wo __ wo ah. __

_____ I got a whole lot-ta things to tell her

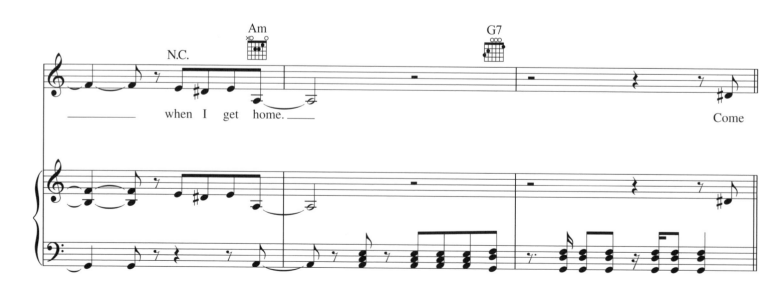

__ when I get home. __ Come

SLOW DOWN

Words and Music by
LARRY WILLIAMS

Moderately fast Rock

Come

on, pret - ty ba - by, won't you walk with me? ____ Come on, pret - ty ba - by, won't you
used to walk you home, ba - by, af - ter school, ____ car - ry your books home,
know that I love you, tell the world I do. ____ Come on, pret - ty ba - by, why can't

talk with me? ____ Come on, pret - ty ba - by, give me one more chance ____
too. ____ But now you got this guy and a dia - mond ring; ____
you be true? ____ I need your lov - in', ba - by, oh so bad, ____ the

MATCHBOX

Words and Music by
CARL LEE PERKINS

TELL ME WHY

Words and Music by JOHN LENNON
and PAUL McCARTNEY

Tell me why _____ you cried, ___ and why you lied _____ to me. _____

Tell ___ me why _____ you cried, ___

AND I LOVE HER

Words and Music by JOHN LENNON
and PAUL McCARTNEY

I give her all my love,
She gives me ev-'ry-thing
Bright are the stars that shine,

that's all I do.
and ten-der-ly.
dark is the sky.

End instrumental solo

And I love ___

___ her. ___

I'M HAPPY JUST TO DANCE WITH YOU

Words and Music by JOHN LENNON
and PAUL McCARTNEY

IF I FELL

Words and Music by JOHN LENNON
and PAUL McCARTNEY

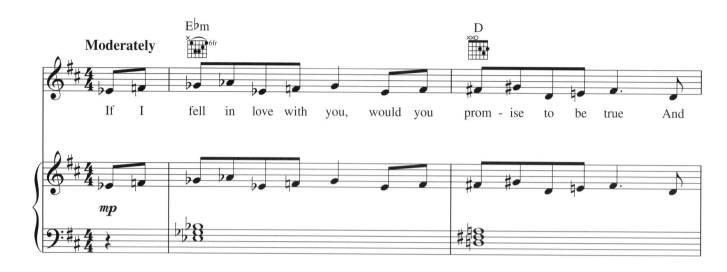

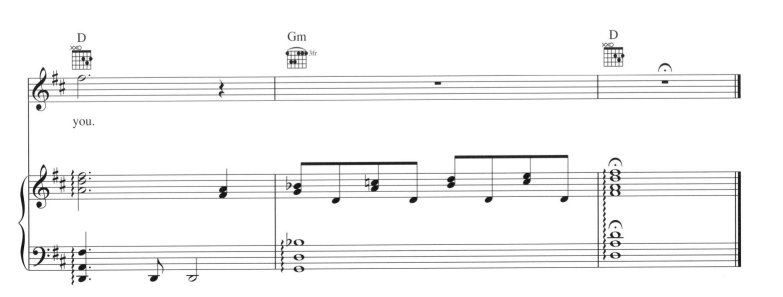

NO REPLY

Words and Music by JOHN LENNON
and PAUL McCARTNEY

I'M A LOSER

Words and Music by JOHN LENNON
and PAUL McCARTNEY

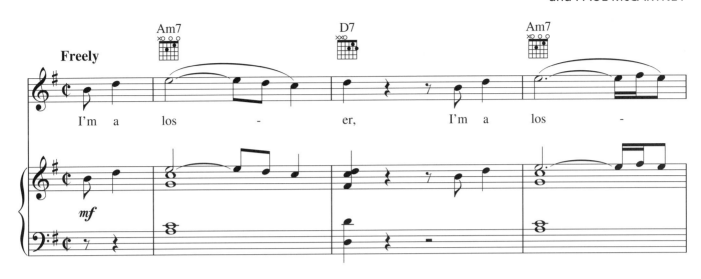

There is one love _____ I should nev - er have crossed. _____
Be - neath this mask _____ I am wear - ing a frown. _____
I re - a - lize _____ I have left it too late. _____

She was a girl _____ in a mil -
My tears are fall - ing like rain _____
And so it's true, _____ pride comes be -

- lion my friend, _____ I should have known _____ she would
_____ from the sky, _____ Is it for her _____ or my -
- fore a fall, _____ I'm tell - ing you _____ so that

BABY'S IN BLACK

Words and Music by JOHN LENNON
and PAUL McCARTNEY

I'LL FOLLOW THE SUN

Words and Music by JOHN LENNON
and PAUL McCARTNEY

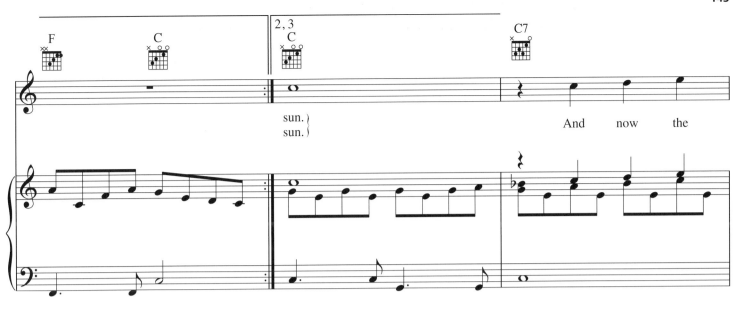

sun.
sun.

And now the

time has come, __ and so, my love, __ I must go. _____

And though I lose a friend, __ in the end __ you will know. _

HONEY DON'T

Words and Music by
CARL LEE PERKINS

(Spoken:) I _____ feel fine. ___

(Hum:) Mmm _____ hmm.

MR. MOONLIGHT

Words and Music by
ROY LEE JOHNSON

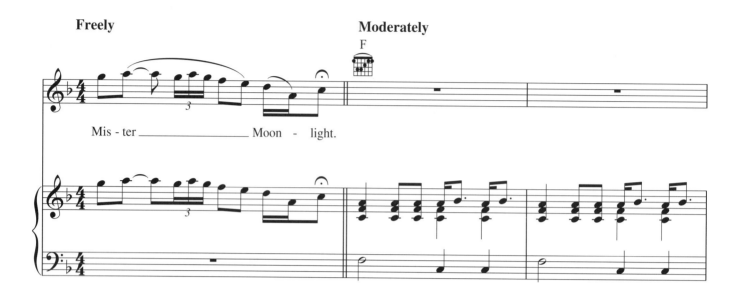

Mis - ter _____ Moon - light.

You came to me _____ one sum - mer night,

and from your beam you made my

dream _____ And from the

whirl you sent my girl, _____

And from a - bove you sent us love. _____

And now she is mine, _____

I'LL BE BACK

Words and Music by JOHN LENNON
and PAUL McCARTNEY

SHE'S A WOMAN

Words and Music by JOHN LENNON
and PAUL McCARTNEY

Fairly bright, with a strong back beat

(1.,3.,D.S.) My love don't give me pres - ents,
(2.) She don't give boys the eye. ____

I know that she's no peas - ant.
She hates to see me cry. ____

I FEEL FINE

Words and Music by JOHN LENNON
and PAUL McCARTNEY

Ba - by's good to me __
Ba - by says she's mine __
Ba - by says she's mine __

__ you know, __ she's hap - py as can be, __ you know __ she
__ you know, __ she tells me all the time, __ you know __ she
__ you know, __ she tells me all the time, __ you know __ she

EVERYBODY'S TRYING TO BE MY BABY

Words and Music by
CARL LEE PERKINS